BEI GRIN MACHT SICH IHR
WISSEN BEZAHLT

- Wir veröffentlichen Ihre Hausarbeit,
  Bachelor- und Masterarbeit

- Ihr eigenes eBook und Buch -
  weltweit in allen wichtigen Shops

- Verdienen Sie an jedem Verkauf

Jetzt bei www.GRIN.com hochladen
und kostenlos publizieren

Manuel Kröger

Lessing: 'Der mitleidigste Mensch ist der beste Mensch'. Erläuterung des Zitats im Hinblick auf Miss Sara Sampson und Minna von Barnhelm

GRIN Verlag

Bibliografische Information der Deutschen Nationalbibliothek:

Die Deutsche Bibliothek verzeichnet diese Publikation in der Deutschen National-
bibliografie; detaillierte bibliografische Daten sind im Internet über http://dnb.d-
nb.de/ abrufbar.

Impressum:

Copyright © 2012 GRIN Verlag GmbH
Druck und Bindung: Books on Demand GmbH, Norderstedt Germany
ISBN: 978-3-656-57498-9

Dieses Buch bei GRIN:

http://www.grin.com/de/e-book/263711/lessing-der-mitleidigste-mensch-ist-der-
beste-mensch-erlaeuterung-des

GRIN - Your knowledge has value

Der GRIN Verlag publiziert seit 1998 wissenschaftliche Arbeiten von Studenten, Hochschullehrern und anderen Akademikern als eBook und gedrucktes Buch. Die Verlagswebsite www.grin.com ist die ideale Plattform zur Veröffentlichung von Hausarbeiten, Abschlussarbeiten, wissenschaftlichen Aufsätzen, Dissertationen und Fachbüchern.

Besuchen Sie uns im Internet:

http://www.grin.com/

http://www.facebook.com/grincom

http://www.twitter.com/grin_com

Ludwig-Maximilians-Universität

Erläuterungen des Zitats von Lessing „Der mitleidigste Mensch ist der beste Mensch" im Hinblick auf MISS SARA SAMPSON und MINNA VON BARNHELM

LMU München
Institut für Theaterwissenschaft
WiSe 2011/2012
Zum Menschenbild der Aufklärung
Autor: Manuel Kröger
02.02.2012

Lessing hat die *Poetik* des Aristoteles auf seine eigene Weise übersetzt, verstanden und interpretiert, anders als sie von den meisten anderen Theoretikern und Dramatikern vor ihm und zu seiner Zeit verstanden wurde. Bisher hatte man „phóbos" mit „Schauder" und „éleos" mit „Jammer" übersetzt, Lessing aber übersetzte die Begriffe mit „Furcht" und „Mitleid". Dadurch veränderte er die Bedeutung des Dramas und zwar dahin, dass die Katharsis eine Reinigung der tragischen Effekte und nicht eine Reinigung von diesen sei. Der Zuschauer solle also nicht ins Theater gehen, um sich abzureagieren, sondern um seine „Leidenschaften in tugendhafte Fertigkeiten" zu verwandeln. Die Tragödie sowie die Komödie sollen zum Ziel haben, Mitleid beim Zuschauer zu erregen. Diese Empathie, diese Gefühlsregung in Hinsicht auf die tragischen Figuren mache den Mitfühlenden zu einem besseren Menschen, lenke ihn von seiner Egozentrik weg auf seine Umwelt. Also sei der „mitleidigste Mensch der beste Mensch", denn dadurch, dass er sich anderen Menschen gegenüber öffnet und mit ihnen fühlt, sei er „zu allen Tugenden, zu allen Arten der Großmuth der aufgelegteste." Das war ein essentieller Bestandteil von Lessings Dramentheorie, der *Hamburgischen Dramaturgie*.

Lessing aber entwickelte seine eigene Interpretation der *Poetik* nicht nur aus eigenem philologischem Verständnis, sondern auch aus aufklärerisch moralphilosophischen Gründen. In der Aufklärung wurde der Widerspruch zwischen Verstand und Emotion beim Menschen beobachtet, Kopf und Herz schienen im Widerspruch zu stehen. Um diesen Widerspruch aufzulösen, suchte Lessing nach einer dementsprechenden Konzeption. Die Lösung oder auch die Rettung war das Mitleid. Denn Mitleid zeigt die sinnliche, verletzliche und tugendhafte Natur des Menschen, vereint somit Herz und Verstand.

Der Wirkungsmechanismus der Tragödie ist nach Lessing wie folgt: Der Dichter übt seine Kunst mit dem Ziel, Mitleid zu erregen, aus. Dabei ist die Wahrscheinlichkeit der Handlung wichtig, um die Handlung glaubhaft und dadurch erst wirkungsvoll zu gestalten. Er kann hierfür die historische Glaubwürdigkeit verwenden und/oder den Personen Charaktereigenschaften geben, aus denen sich als logische Folge die jeweils geschilderten Vorfälle ergeben. Es ist wichtig, die Aktionen der Personen und/oder Vorfälle, die ohne den Einfluss der Personen geschehen, in eine logische Reihenfolge zu bringen, dass sich jeweils die Wirkung aus der Ursache ergibt. Weiterhin müssen die Leidenschaften der Personen genau „abgemessen" sein, dass diese nicht anders handeln können, als sie der Dichter handeln lässt und diese Leidenschaften müssen sich allmählich steigern. Dies alles ist wichtig, um dem Stück „den natürlichsten, ordentlichsten Verlauf" zu geben, sodass der Zuschauer sich mit den Figuren identifizieren und sich vorstellen kann, unter denselben Umständen genauso zu handeln bzw. handeln zu müssen. Dies führt dazu, dass der Zuschauer einerseits mit den Figuren mitleidet, sich andererseits davor fürchtet, ihn selbst könnte ein ähnliches Schicksal treffen.

Ähnlich wie in der Tragödie ist es in der Komödie. Hier soll der Zuschauer zwar lachen, aber er soll auch der Tragödie gewahr werden, die sich in jeder Komödie verbirgt. Er soll also mit den und über die Figuren zugleich lachen und weinen.

Lessing sah das Drama als Erziehungsmittel, dessen Zweck die „Erregung von Mitleid" beim Zuschauer sei, durch dessen Gefühlserleben sich das Bühnengeschehen erst erfüllt. Lessing meint im *Briefwechsel über das Trauerspiel*, dass das Drama „unsere Fähigkeit, Mitleid zu fühlen, erweitern" soll und zwar mit der Folge, dass wir immer und überall mitleidig sind mit anderen Menschen, denen Ungerechtigkeit und/oder Unglück widerfährt. „Wer uns also mitleidig macht, macht uns besser und tugendhafter [...]"

Lessings Werke *Miss Sara Sampson* und *Minna von Barnhelm* sind gute Anschauungsbeispiele für seine Mitleidskonzeption. Das erstere Werk ist ein Trauerspiel, das letztere eine Komödie.

In *Miss Sara Sampson* rührt den Zuschauer das Schicksal der tugendhaften Sara, die eher sich selbst als die anderen beschuldigt, bedingungslos verzeiht, sogar der intriganten Lady Marwood, von der sie am Ende ohne eigene Schuld ermordet wird. Auch der Schmerz von Saras Vater über den Tod seiner Tochter, der Selbstmord Mellefonts, der ohne Sara nicht mehr leben kann, und selbst das unglückliche Schicksal der Marwood, welches diese zum Intrigieren und Morden treibt und dadurch immer schuldiger und unglücklicher macht, natürlich aber auch durch ihr Eigenverschulden, begründet in ihrem Charakter, lässt den Zuschauer nicht kalt. Er vollzieht die Handlungen der Personen nach, lernt sie verstehen, identifiziert sich mit ihnen, leidet mit ihnen mit, dass ihnen diese tragische Dinge widerfahren oder sie zu schlechten Handlungen getrieben werden bzw. sich aufgrund ihres Charakters nicht anders verhalten können, haben aber im selben Moment die Furcht, dass ihnen selbst solch ein tragisches Schicksal widerfahren könne oder sie genauso schlecht handeln könnten.

Denselben Effekt bringt, nach Lessing, die Komödie hervor, wie z. B. *Minna von Barnhelm*. Wir Zuschauer leiden mit, dass der so tugendhafte, aber unglückliche Tellheim seinem Glück – einer Liebesbeziehung zwischen ihm und der Minna – selbst im Weg steht und dass dieser es zuerst nicht gelingt, Tellheim von ihrer Liebe ihm gegenüber und seiner Liebenswürdigkeit zu überzeugen. Umso mehr freuen wir uns über die letztliche glückliche Wendung des Stücks, welche Tellheim und Minna zu einem Liebespaar macht. Auch hier leiden, bangen und hoffen wir für die und mit den Figuren mit und geben dadurch unsere Egozentrik auf. Dies geht jedoch einher mit der selbstbezogenen Furcht um ein ähnliches Schicksal und in diesem Fall natürlich mit dem Lachen mit und über die Personen.

Also „übe" der Zuschauer im Theater, sich mit anderen Menschen zu identifizieren, und diese Fertigkeit könne er ins reale Leben mitnehmen. Dadurch werde er mitfühlender, verständiger und milder im Umgang mit seiner Umwelt. Und je mitfühlender, desto verständiger und milder werde wohl der Mensch. Nach dieser Argumentationsführung erscheint als logische Folgerung, dass „Der mitleidigste Mensch [...] der beste Mensch" sei, womit sie Lessing Recht gibt.

Quellen:

- Literaturkritik.de http://literaturkritik.de/public/rezension.php?rez_id=5236. Zuletzt geprüft am 25.10.2013.
- Lehrer-online.de: http://www.lehrer-online.de/dyn/bin/485012-485083-1-aufklaerung_ab5_lessingii.pdf. Zuletzt geprüft am 25.10.2013.
- Literaturwissenschaft-online.de: http://www.literaturwissenschaft-online.uni-kiel.de/veranstaltungen/vorlesungen/literatur18/galotti.pdf. Zuletzt geprüft am 25.10.2013.